Impressum
Verlag: BABADADA GmbH, Nedderfeld 112 , 22529 Hamburg
Geschäftsführer / Verlagsleitung: Harald Hof
Druck: Books on Demand GmbH, In de Tarpen 42, 22848 Norderstedt

Imprint
Publisher: BABADADA GmbH, Nedderfeld 112 , 22529 Hamburg, Germany
Managing Director / Publishing direction: Harald Hof
Print: Books on Demand GmbH, In de Tarpen 42, 22848 Norderstedt

学校

koulu

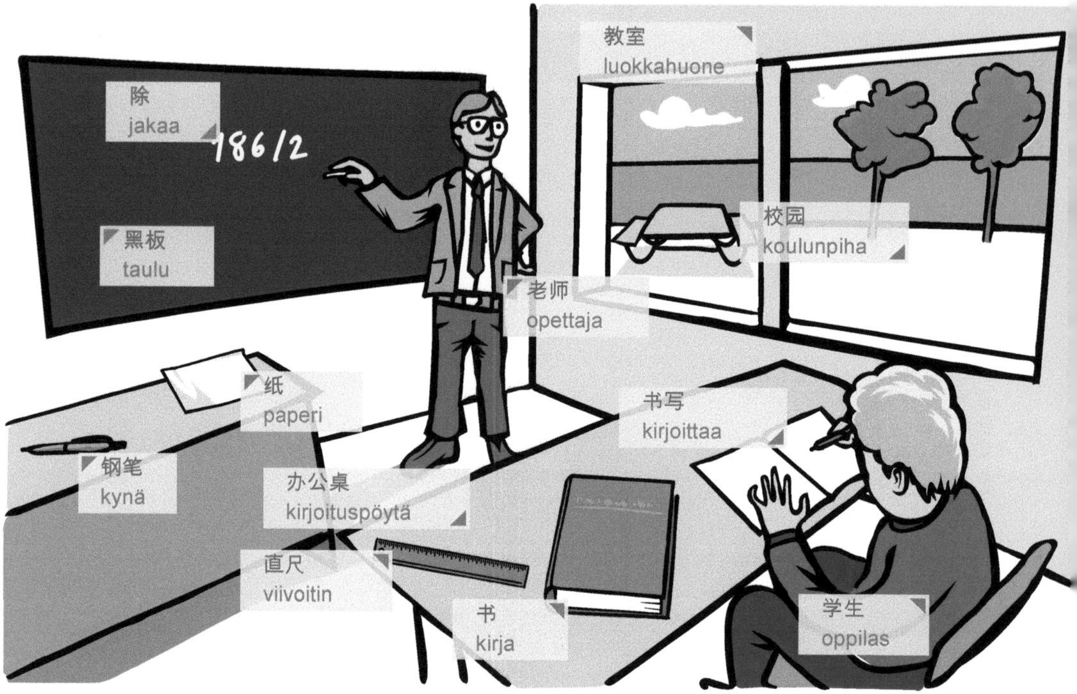

教室
luokkahuone
除
jakaa
186/2
黑板
taulu
校园
koulunpiha
老师
opettaja
纸
paperi
书写
kirjoittaa
钢笔
kynä
办公桌
kirjoituspöytä
直尺
viivoitin
书
kirja
学生
oppilas

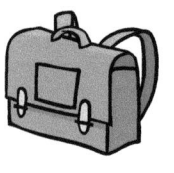

书包

reppu

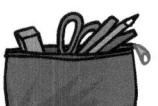

铅笔盒

penaali

铅笔

lyijykynä

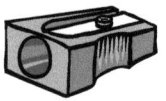

卷笔刀

kynänteroitin

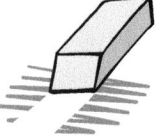

橡皮擦

pyyhekumi

画板

piirustuslehtiö

图画

piirustus

画笔

pensseli

颜料盒

vesivärit

剪刀

sakset

胶水

liima

练习册

harjoituskirja

家庭作业

kotitehtävä

12

数字

luku

2+2

加

lisätä

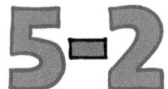

5-2

减

vähentää

2×2

乘

kertoa

计算

laskea

A

字母

kirjain

ABCDEFG HIJKLMN OPQRSTU VWXYZ

字母表

aakkoset

hello

字

sana

课文

teksti

读

lukea

粉笔

liitu

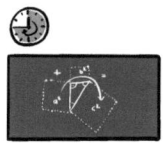

上课

oppitunti

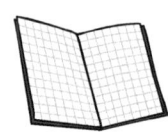

登记

opettajan muistikirja

考试

koe

证书

todistus

校服

koulupuku

教育

koulutus

百科全书

sanakirja

大学

yliopisto

显微镜

mikroskooppi

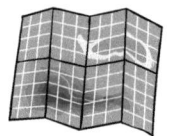

地图

kartta

废纸筐

roskakori

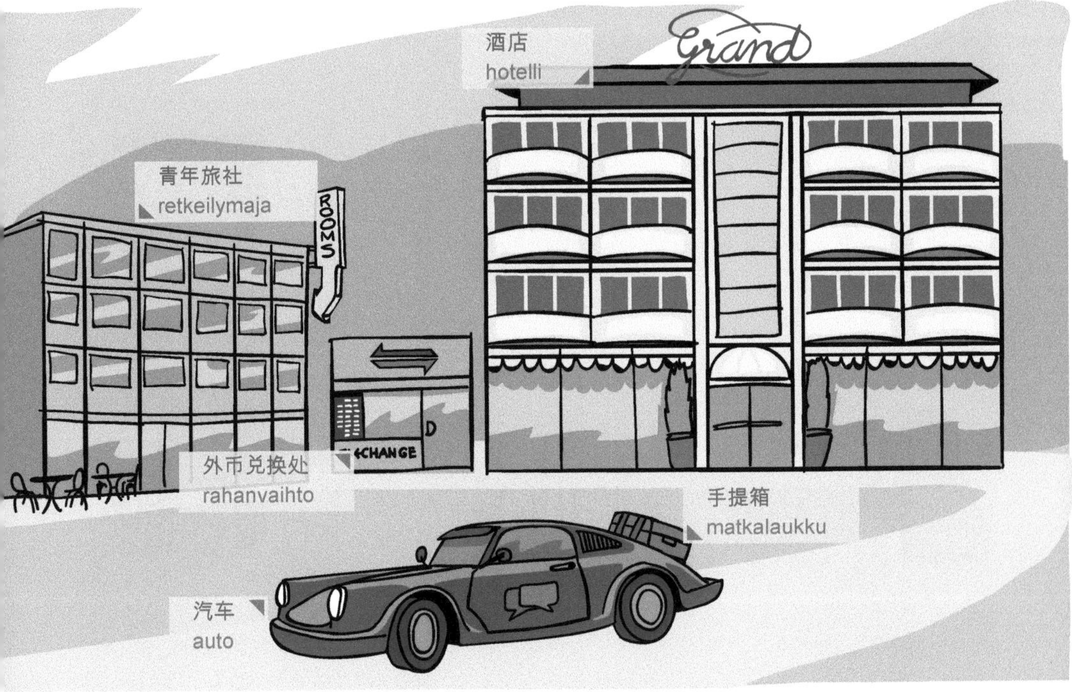
酒店
hotelli
Grand
青年旅社
retkeilymaja
ROOMS
外币兑换处
rahanvaihto
手提箱
matkalaukku
汽车
auto

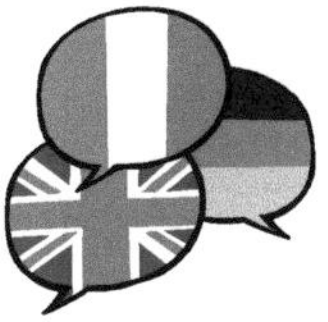

语言

kieli

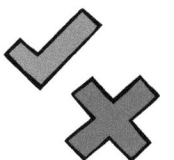

是/否

kyllä / ei

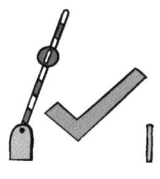

好的

selvä

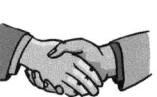

您好

hei

翻译员

tulkki

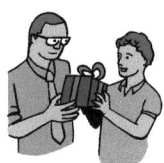

谢谢

kiitos

......多少钱？

Paljonko...maksaa?

我不明白

en ymmärrä

问题

ongelma

晚上好！

Hyvää iltaa!

早上好！

Hyvää huomenta!

晚安！

Hyvää yötä!

再见

näkemiin

方向

suunta

行李

matkatavarat

包

laukku

双肩包

reppu

客人

vieras

房间

huone

睡袋

makuupussi

帐篷

teltta

旅游信息
turisti-info

海滩
ranta

信用卡
luottokortti

早餐
aamupala

午餐
lounas

晚餐
päivällinen

票
matkalippu

电梯
hissi

邮票
postimerkki

边界
raja

海关
tulli

大使馆
suurlähetystö

签证
viisumi

护照
passi

旅行 - matka

交通运输

kuljetus

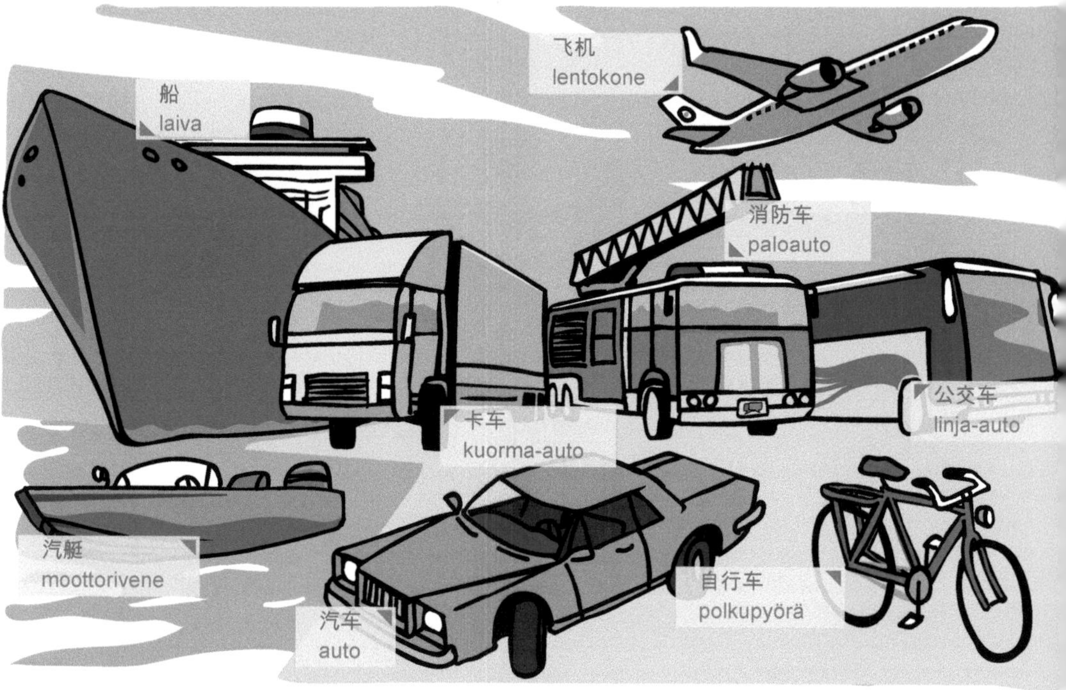

飞机
lentokone
船
laiva
消防车
paloauto
公交车
linja-auto
卡车
kuorma-auto
汽艇
moottorivene
自行车
polkupyörä
汽车
auto

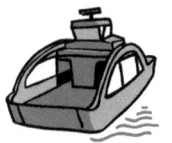

摆渡船

lautta

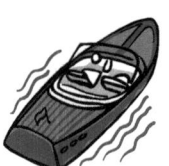

小船

vene

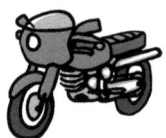

摩托车

moottoripyörä

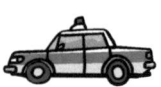

警车

poliisiauto

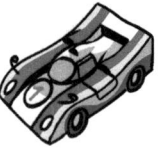

赛车

kilpa-auto

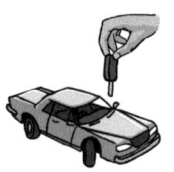

租车

vuokra-auto

拼车
car sharing

拖车
hinausauto

垃圾车
roska-auto

发动机
moottori

汽油
polttoaine

加油站
huoltoasema

交通标志
liikennemerkki

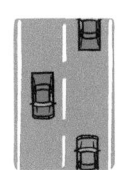

交通
liikenne

交通堵塞
ruuhka

停车场
parkkipaikka

火车站
rautatieasema

轨道
raiteet

火车
juna

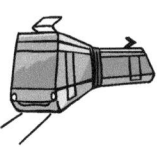

电车
raitiovaunu

货车
vaunu

直升机
helikopteri

机场
lentokenttä

塔
lähilennonjohto

乘客
matkustaja

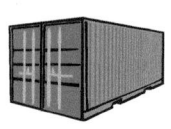

集装箱
kontti

纸板箱
pahvilaatikko

手推车
kärryt

篮子
kori

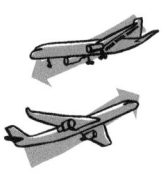

起飞/降落
nousta / laskea

城市
kaupunki

村庄
kylä

市中心
keskusta

房子
talo

电影院
elokuvateatteri

广告
mainos

路灯
katuvalo

街道
katu

出租车
taksi

小吃店
kioski

行人
jalankulkija

CINEMA

人行道
jalkakäytävä

斑马线
suojatie

垃圾箱
jäteastia

十字路口
risteys

红绿灯
liikennevalot

小屋
mökki

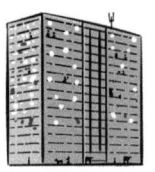

公寓
kerrostalo

火车站
rautatieasema

市政厅
kaupungintalo

博物馆
museo

学校
koulu

城市 - kaupunki

大学

yliopisto

银行

pankki

医院

sairaala

酒店

hotelli

药房

apteekki

办公室

toimisto

书店

kirjakauppa

商店

liike

花店

kukkakauppa

超市

supermarketti

市场

tori

百货商店

tavaratalo

鱼店

kalakauppias

购物中心

ostoskeskus

海港

satama

公园
puisto

长凳
penkki

桥
silta

楼梯
portaat

地铁
metro

隧道
tunneli

公交车站
linja-autopysäkki

酒吧
baari

餐馆
ravintola

邮筒
postilaatikko

路标
katukyltti

停车计时器
parkkimittari

动物园
eläintarha

游泳馆
uimala

清真寺
moskeija

农场

maatila

污染

ympäristön saastuminen

墓地

hautausmaa

教堂

kirkko

操场

leikkikenttä

寺庙

temppeli

地形

maisema

树叶
lehti

指示牌
tienviitta

路
tie

草地
niitty

石头
kivi

树
puu

徒步旅行者
retkeilijä

河
joki

草
ruoho

花
kukka

峡谷

laakso

山

vuori

湖

järvi

森林

metsä

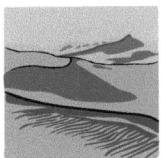

沙漠

aavikko

火山

tulivuori

城堡

linna

彩虹

sateenkaari

蘑菇

sieni

棕榈树

palmu

蚊子

hyttynen

苍蝇

kärpänen

蚂蚁

muurahainen

蜜蜂

mehiläinen

蜘蛛

hämähäkki

甲虫
kovakuoriainen

青蛙
sammakko

松鼠
orava

刺猬
siili

野兔
jänis

猫头鹰
pöllö

鸟
lintu

天鹅
joutsen

野猪
villisika

鹿
peura

麋鹿
hirvi

水坝
pato

风力发电机
tuulimylly

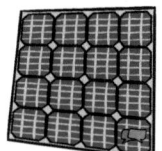

太阳能电池板
aurinkopaneeli

气候
ilmasto

餐馆
ravintola

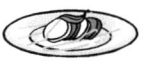

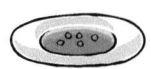

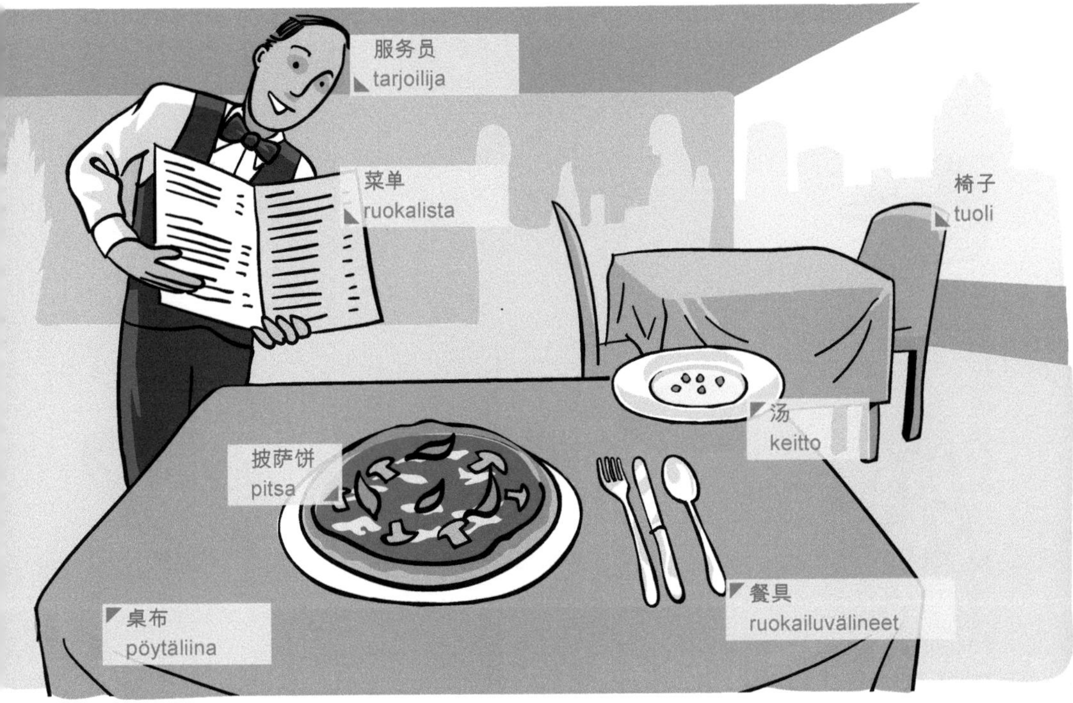

服务员
tarjoilija
菜单
ruokalista
椅子
tuoli
汤
keitto
披萨饼
pitsa
餐具
ruokailuvälineet
桌布
pöytäliina

前菜

alkuruoka

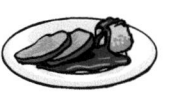

主菜

pääruoka

甜点

jälkiruoka

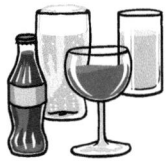

饮料

juomat

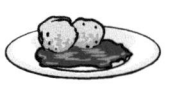

食物

ruoka

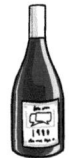

瓶子

pullo

快餐

pikaruoka

街边小吃

katuruoka

茶壶

teekannu

糖盒

sokeriastia

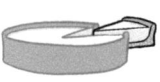

一份饭菜

annos

意式咖啡机

espressokeitin

高脚椅

syöttötuoli

账单

lasku

托盘

tarjotin

刀

veitsi

餐叉

haarukka

勺子

lusikka

茶匙

teelusikka

餐巾

servietti

玻璃杯

lasi

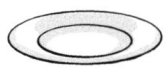

碟子
lautanen

汤盘
syvä lautanen

碟子
aluslautanen

酱
kastike

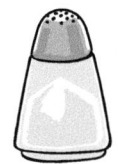

盐瓶
suolasirotin

胡椒磨
pippurimylly

醋
etikka

食用油
öljy

调味料
mausteet

番茄酱
ketsuppi

芥末
sinappi

蛋黄酱
majoneesi

超市

supermarketti

特价
tarjous
FOR
顾客
asiakas
乳制品
maitotuotteet
水果
hedelmät
购物车
ostoskärryt

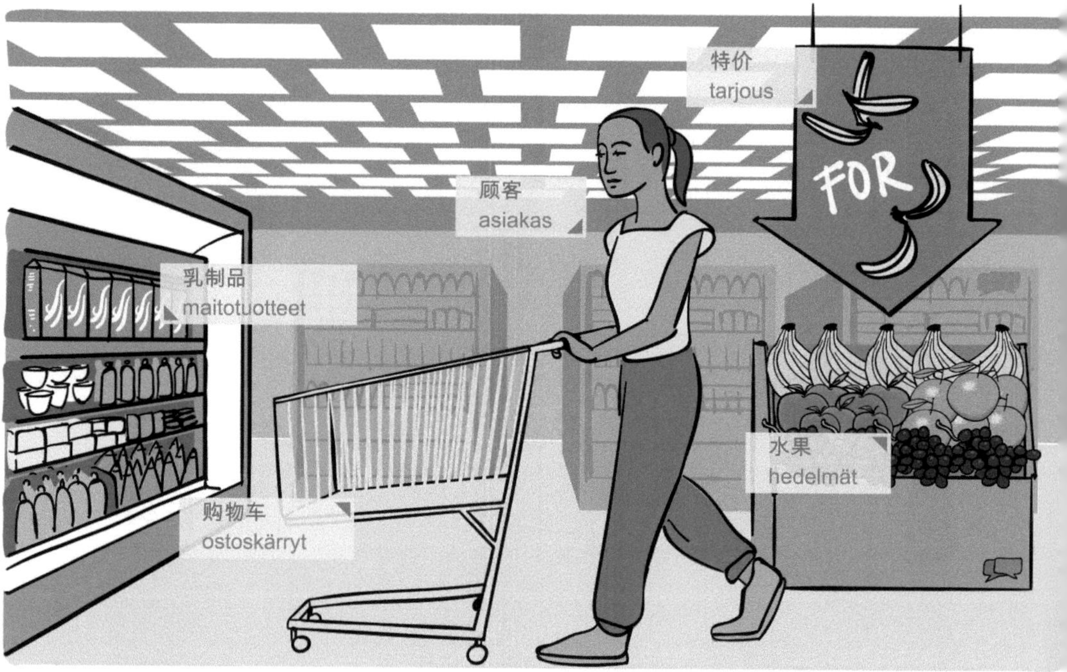

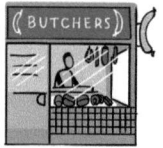

BUTCHERS

肉铺

teurastamo

BAKERY

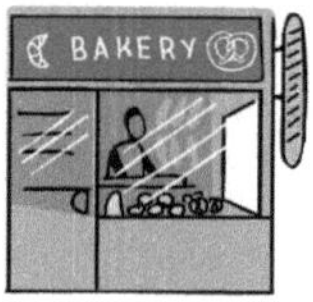

面包房

leipomo

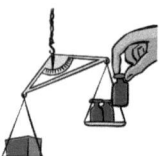

称重

punnita

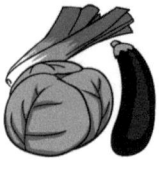

蔬菜

kasvikset

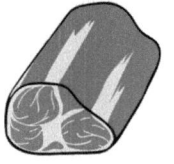

肉

liha

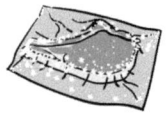

冷冻食品

pakasteet

冷盘

leikkele

罐头食品

säilykkeet

洗衣粉

pesujauhe

甜食

makeiset

日用品

kotitaloustarvikkeet

清洁用品

puhdistusaineet

销售员

myyjä

收银机

kassa

收银员

kassanhoitaja

购物清单

ostoslista

开放时间

aukioloajat

钱包

lompakko

信用卡

luottokortti

袋子

kassi

塑料袋

muovipussi

水

vesi

果汁

mehu

牛奶

maito

可乐

kokis

红酒

viini

啤酒

olut

酒

alkoholi

可可

kaakao

茶

tee

咖啡

kahvi

意式浓缩咖啡

espresso

卡布奇诺

cappuccino

香蕉

banaani

苹果

omena

橙子

appelsiini

西瓜

meloni

柠檬

sitruuna

胡萝卜

porkkana

大蒜

valkosipuli

竹子

bambu

洋葱

sipuli

蘑菇

sieni

坚果

pähkinät

面条

spagetti

意大利面条

spagetti

米饭

riisi

沙拉

salaatti

薯条

ranskalaiset

炸土豆

paistetut perunat

披萨饼

pitsa

汉堡包

hampurilainen

三明治

voileipä

炸猪排

leike

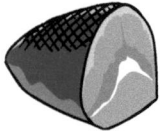

火腿

kinkku

萨拉米

salami

香肠

makkara

鸡肉

kana

烤肉

paisti

鱼

kala

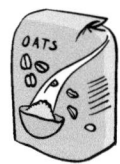

燕麦片

kaurahiutaleet

穆兹利

mysli

玉米片

murot

面粉

jauho

羊角面包

voisarvi

面包卷

sämpylä

面包

leipä

烤面包

paahtoleipä

饼干

keksit

黄油

voi

凝乳

rahka

蛋糕

kakku

蛋

kananmuna

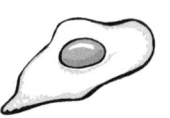

煎蛋

paistettu kananmuna

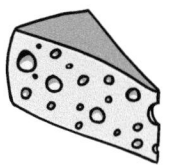

奶酪

juusto

冰激凌

jäätelö

糖

sokeri

蜂蜜

hunaja

果酱

hillo

巧克力酱

suklaapähkinälevite

咖喱饭

curry

农舍
maatila

粮仓
lato; liiteri

稻草捆
heinäpaali

田野
pelto

马
hevonen

拖车
peräkärry

马驹
varsa

拖拉机
traktori

驴
aasi

羔羊
karitsa

羊
lammas

山羊

vuohi

奶牛

lehmä

牛犊

vasikka

猪

sika

小猪

porsas

公牛

sonni

鹅
hanhi

鸭
ankka

小鸡
tipu

母鸡
kana

公鸡
kukko

鼠
rotta

猫
kissa

老鼠
hiiri

牛
härkä

狗
koira

狗屋
koirankoppi

花园浇水软管
puutarhaletku

洒水壶
kastelukannu

长柄大镰刀
viikate

犁
aura

镰刀

sirppi

锄头

kuokka

长柄草耙

talikko

斧头

kirves

独轮手推车

kottikärryt

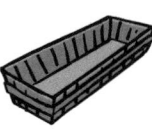

饲料槽

kaukalo

牛奶罐

maitokannu

麻布袋

säkki

栅栏

aita

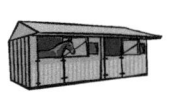

马厩

talli

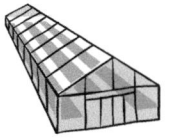

温室

kasvihuone

土壤

maa

种子

siemen

肥料

lannoite

联合收割机

leikkuupuimuri

收割

kerätä sato

收割

sato

山药

jamssit

小麦

vehnä

大豆

soija

土豆

peruna

玉米

maissi

油菜籽

rypsi

果树

hedelmäpuu

树薯

maniokki

谷物

vilja

房子

talo

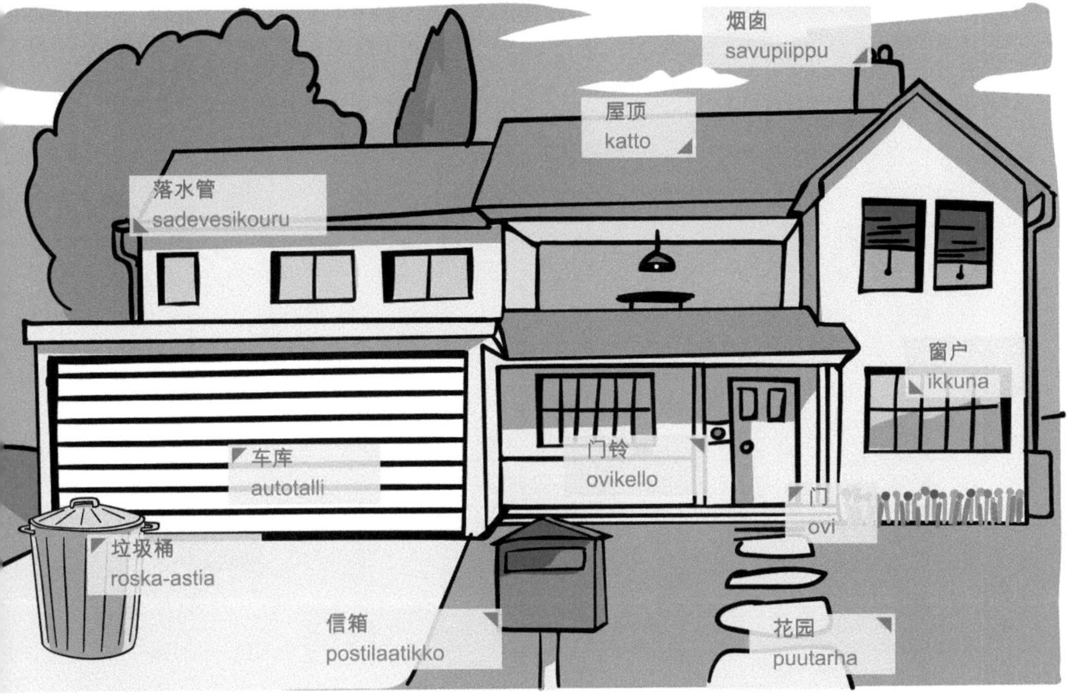

烟囱
savupiippu
屋顶
katto
落水管
sadevesikouru
窗户
ikkuna
车库
autotalli
门铃
ovikello
门
ovi
垃圾桶
roska-astia
信箱
postilaatikko
花园
puutarha

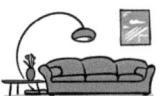

客厅

olohuone

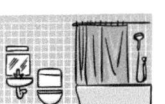

浴室

kylpyhuone

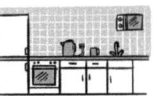

厨房

keittiö

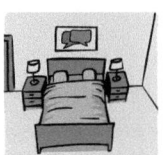

卧室

makuuhuone

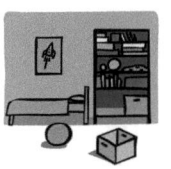

儿童房

lastenhuone

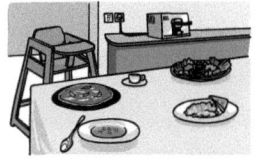

餐厅

ruokahuone

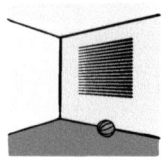

地板
lattia

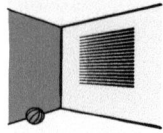

墙壁
seinä

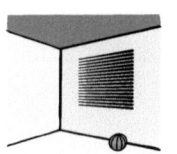

吊顶
katto

地窖
kellari

桑拿
sauna

阳台
parveke

露台
terassi

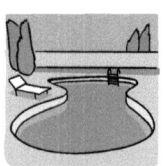

游泳池
uima-allas

割草机
ruohonleikkuri

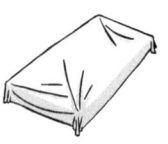

被单
lakana

床罩
päiväpeitto

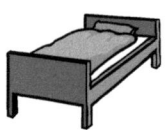

床
sänky

扫帚
harja

水桶
ämpäri

开关
katkaisin

客厅
olohuone

壁纸
tapetti
照片
kuva
台灯
lamppu
搁架
hylly
橱柜
kaappi
电视机
televisio
壁炉
takka
花
kukka
垫子
tyyny
沙发
sohva
花瓶
maljakko
遥控器
kaukosäädin

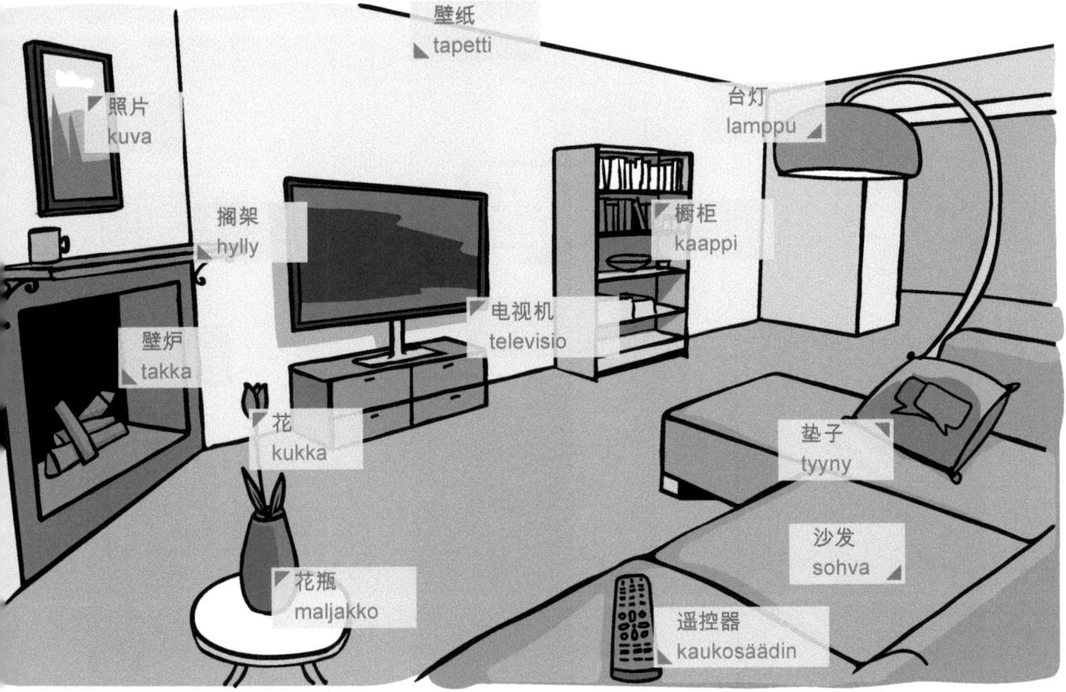

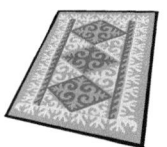

地毯

matto

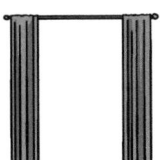

窗帘

verho

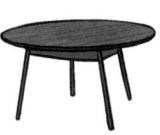

餐桌

pöytä

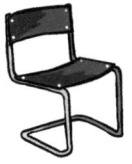

椅子

tuoli

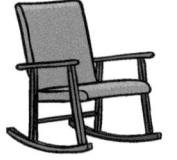

摇椅

keinutuoli

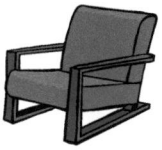

扶手椅

nojatuoli

书
kirja

毯子
peitto

装饰品
koriste

木柴
polttopuut

电影
elokuva

高保真音响
stereot

钥匙
avain

报纸
sanomalehti

油画
maalaus

海报
juliste

收音机
radio

笔记本
muistivihko

吸尘器
pölynimuri

仙人掌
kaktus

蜡烛
kynttilä

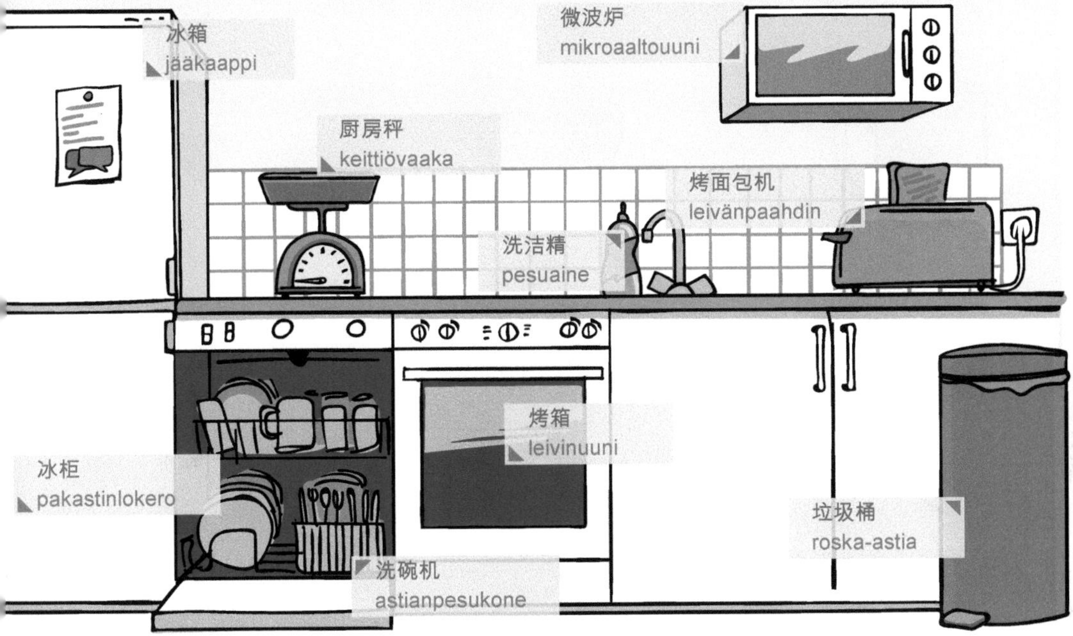

冰箱
jääkaappi

微波炉
mikroaaltouuni

厨房秤
keittiövaaka

洗洁精
pesuaine

烤面包机
leivänpaahdin

冰柜
pakastinlokero

烤箱
leivinuuni

垃圾桶
roska-astia

洗碗机
astianpesukone

炊具

liesi

锅

kattila

铸铁锅

rautapata

炒锅

vokkipannu / kadai-pannu

平底锅

paistinpannu

水壶

teepannu

蒸锅

höyrykeitin

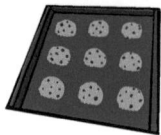

烤盘

uunipelti

陶瓷锅

astiat

马克杯

muki

碗

kulho

筷子

syömäpuikot

长柄勺

kauha

铲子

paistinlasta

搅拌器

vispilä

滤网

siivilä

筛子

siivilä

磨碎机

raastin

研钵

mortteli

烧烤

grilli

明火

avotuli

厨房 - keittiö

菜板

leikkuulauta

擀面杖

kaulin

开瓶器

korkinavaaja

罐子

purkki

开罐器

purkinavaaja

隔热手套

pannulappu

水槽

lavuaari

刷子

tiskiharja

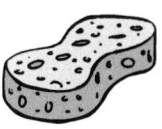

海绵

pesusieni

搅拌机

tehosekoitin

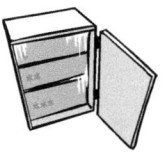

冷藏箱

pakastin

奶瓶

tuttipullo

水龙头

vesihana

浴室
kylpyhuone

供暖设备
lämmitys

淋浴
suihku

毛巾
pyyhe

浴帘
suihkuverho

泡沫浴
vaahtokylpy

浴缸
kylpyamme

玻璃杯
lasi

洗衣机
pesukone

瓷砖
kaakelit

水龙头
vesihana

便壶
potta

水槽
lavuaari

厕所
vessa

蹲便器
kyykkyvessa

坐浴器
bidee

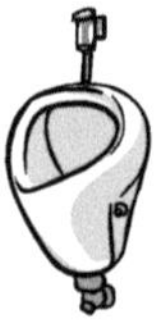

小便池
pisuaari

厕纸
vessapaperi

马桶刷
vessaharja

牙刷
hammasharja

牙膏
hammastahna

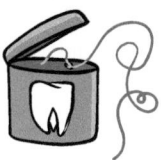

牙线
hammaslanka

洗
pestä

手持式喷淋头
käsisuihku

冲洗器
intiimisuihku

洗脸盆
pesuvati

擦背刷
selkäharja

肥皂
saippua

沐浴露
suihkugeeli

洗发水
shampoo

法兰绒
pesulappu

排水
viemäri

乳霜
voide

除臭剂
deodorantti

浴室 - kylpyhuone

镜子
peili

手镜
käsipeili

剃须刀
partaveitsi

剃须泡沫
partavaahto

须后水
partavesi

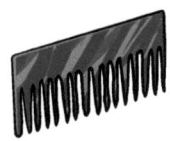

梳子
kampa

刷子
harja

吹风机
hiustenkuivaaja

喷发定型剂
hiuslakka

化妆品
meikki

唇膏
huulipuna

指甲油
kynsilakka

化妆棉
pumpuli

指甲剪
kynsisakset

香水
hajuvesi

洗漱包

kosmetiikkalaukku

凳子

jakkara

计重秤

vaaka

浴袍

kylpytakki

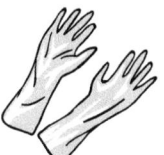

橡胶手套

kumihansikkaat

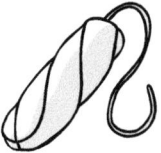

卫生棉条

tamponi

卫生巾

terveysside

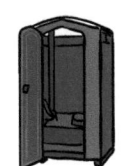

化学厕所

kemiallinen wc

儿童房

lastenhuone

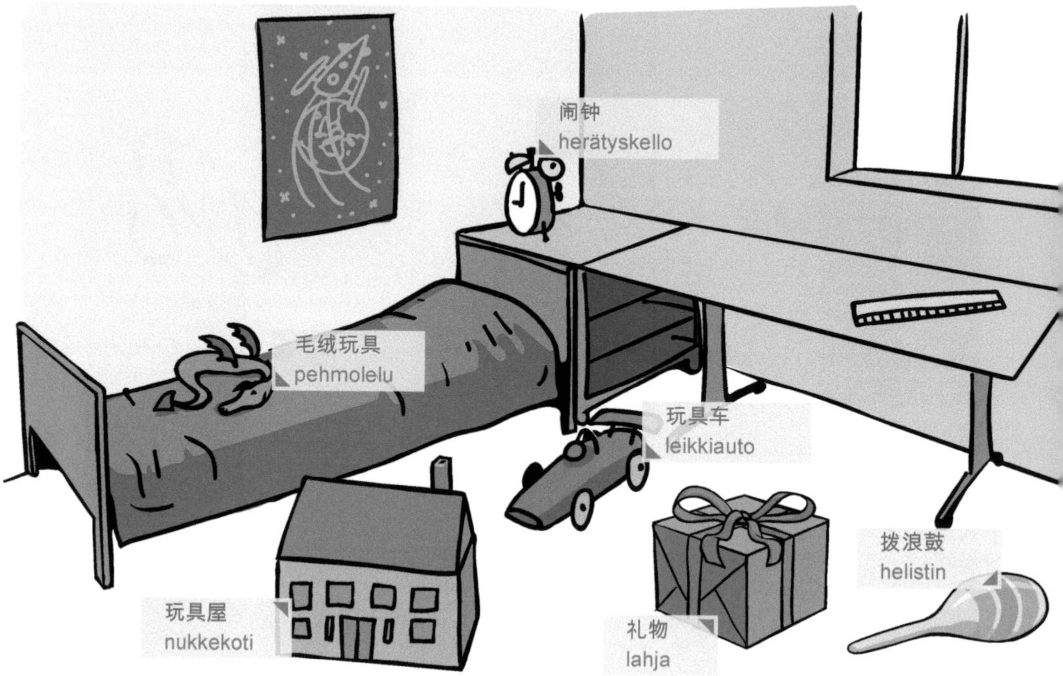
闹钟
herätyskello
毛绒玩具
pehmolelu
玩具车
leikkiauto
拨浪鼓
helistin
玩具屋
nukkekoti
礼物
lahja

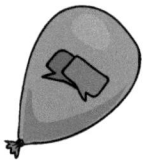

气球

ilmapallo

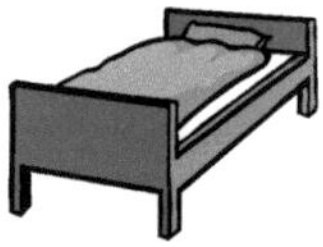

床

sänky

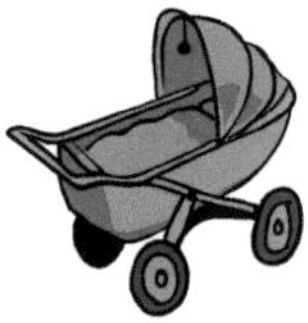

（洋娃娃用）婴儿车

lastenvaunut

扑克牌

korttipeli

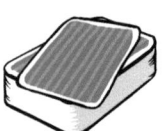

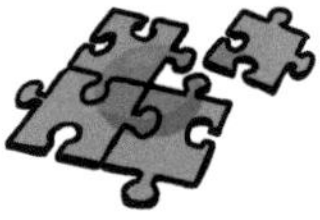

拼图

palapeli

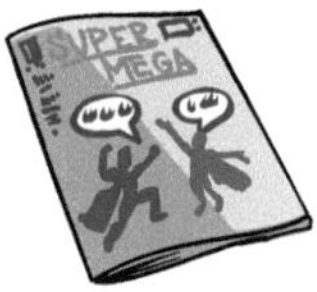
SUPER
MEGA

漫画

sarjakuva

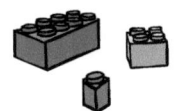

乐高积木

legopalikat

积木玩具

rakennuspalikat

玩具人

supersankari

婴儿服

potkupuku

飞盘

frisbee

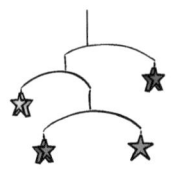

床铃玩具

mobile

棋盘游戏

lautapeli

骰子

noppa

火车模型

pienoisjunarata

安抚奶嘴

tutti

聚会

juhlat

绘本

kuvakirja

球

pallo

洋娃娃

nukke

玩

leikkiä

沙坑

hiekkalaatikko

秋千

keinu

玩具

lelut

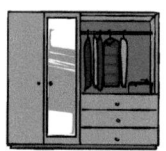

游戏机

pelikonsoli

三轮车

kolmipyörä

泰迪熊

nalle

衣柜

vaatekaappi

衣服

vaatteet

袜子

sukat

长袜

nylonsukat

紧身裤

sukkahousut

围巾
kaulaliina

雨伞
sateenvarjo

皮带
vyö

T恤
t-paita

运动鞋
lenkkarit

靴子
saappaat

拖鞋
sisätossut

凉鞋
sandaalit

鞋
kengät

雨靴
kumisaappaat

内裤
alushousut

胸罩
rintaliivit

背心
aluspaita

衣服 - vaatteet

身体
body

裤子
housut

牛仔裤
farkut

短裙
hame

女式衬衫
pusero

衬衫
paita

套头衫
villapaita

卫衣
collegepaita

西装夹克
jakku

夹克
takki

外套
takki

雨衣
sadetakki

套装
puku

连衣裙
mekko

婚纱
hääpuku

西装
puku

睡袍
yöpaita

睡衣
pyjama

莎丽
shari

头巾
päähuivi

包头巾
turbaani

波卡
burka

卡夫坦
kaftaani

(阿拉伯式)长袍
abaya

泳衣
uimapuku

男式泳裤
uimahousut

短裤
shortsit

运动服
verkkarit

围裙
esiliina

手套
käsineet

纽扣
nappi

眼镜
silmälasit

手链
rannekoru

项链
kaulakoru

戒指
sormus

耳环
korvakoru

便帽
lippalakki

衣架
ripustin

帽子
hattu

领带
solmio

拉链
vetoketju

头盔
kypärä

背带
henkselit

校服
koulupuku

制服
univormu

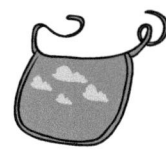

围兜

ruokalappu

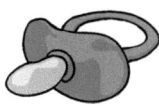

安抚奶嘴

tutti

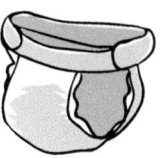

尿不湿

vaippa

办公室
toimisto

服务器
palvelin
文件柜
asiakirjakaappi
打印机
tulostin
显示屏
näyttö
纸
paperi
办公桌
kirjoituspöytä
鼠标
hiiri
文件夹
kansio
键盘
näppäimistö
废纸筐
roskakori
电脑
tietokone
椅子
tuoli

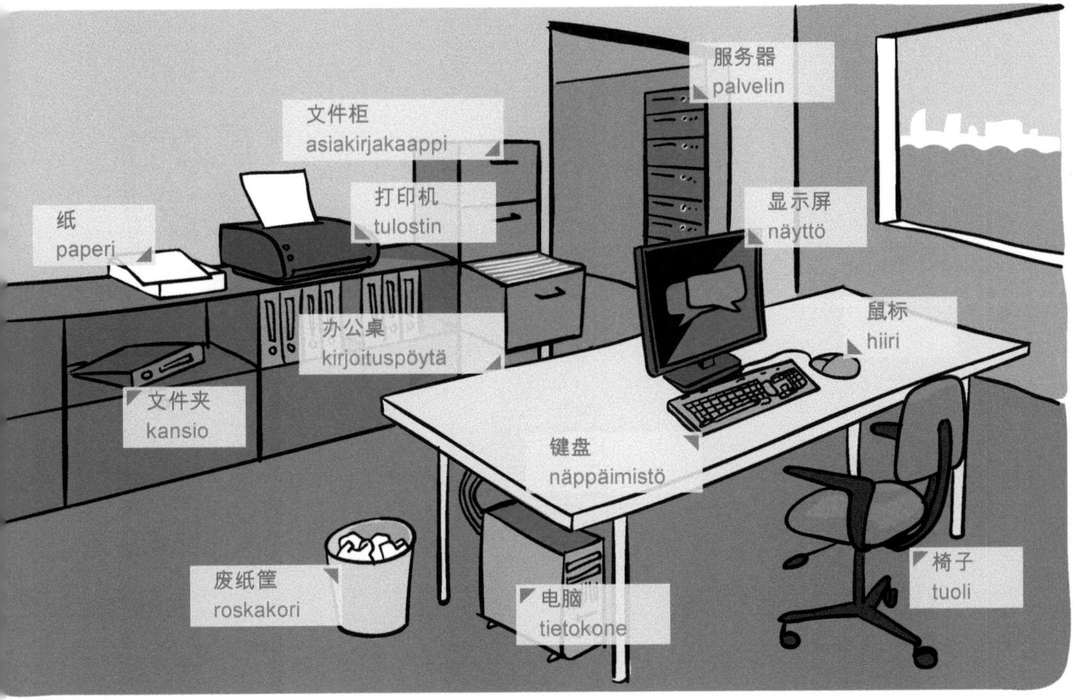

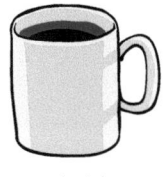

咖啡杯

kahvimuki

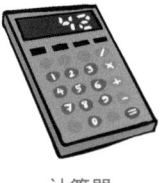

计算器

taskulaskin

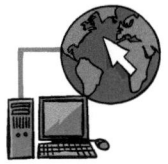

因特网

internet

笔记本电脑
kannettava tietokone

信件
kirje

消息
viesti

手机
kännykkä

网络
verkko

复印机
kopiokone

软件
ohjelmisto

电话
puhelin

插座
pistorasia

传真机
faksi

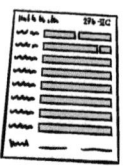

表格
lomake

文件
asiakirja

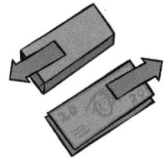

买

ostaa

付钱

maksaa

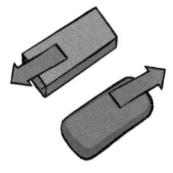

交易

vaihtaa

现金

raha

美元

dollari

欧元

euro

日元

jeni

卢布

rupla

瑞士法郎

frangi

人民币

renminbi juan

卢比

rupia

提款处

pankkiautomaatti

外币兑换处

rahanvaihto

金

kulta

银

hopea

石油

öljy

能源

energia

价格

hinta

合同

sopimus

税金

vero

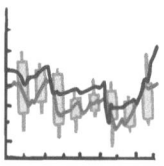

股票

osake

工作

työskennellä

职员

työntekijä

老板

työnantaja

工厂

tehdas

商店

liike

职业

ammatit

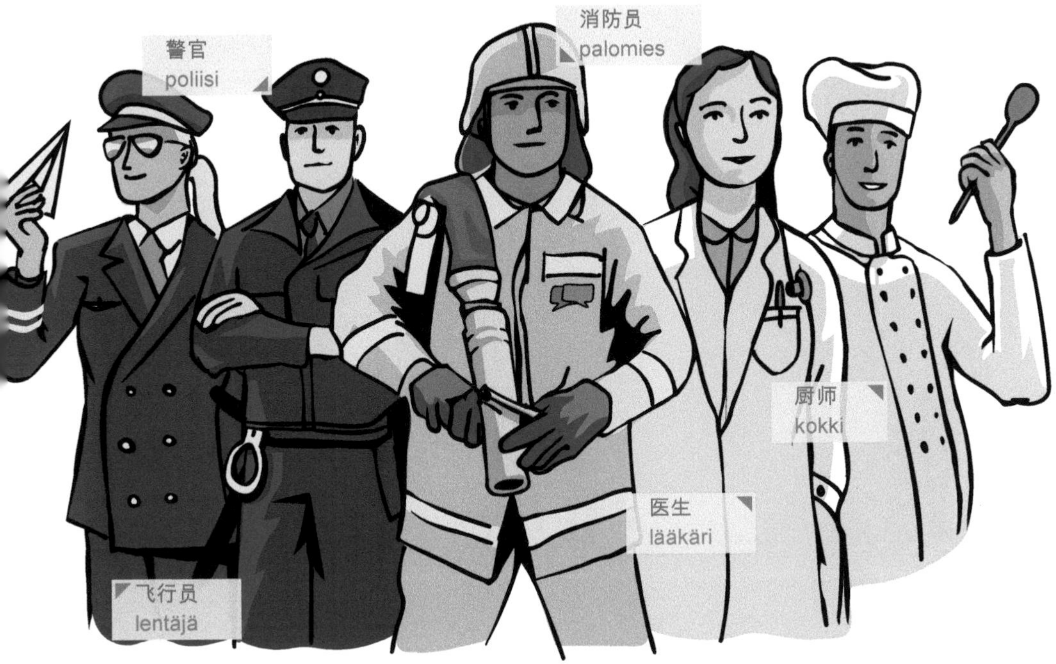

警官
poliisi
消防员
palomies
厨师
kokki
医生
lääkäri
飞行员
lentäjä

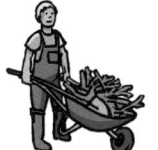

园丁

puutarhuri

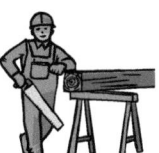

木匠

puuseppä

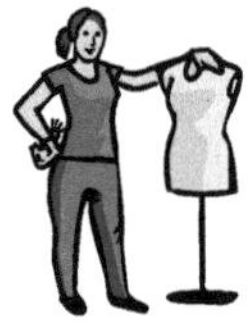

裁缝

ompelija

法官

tuomari

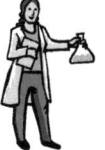

化学家

kemisti

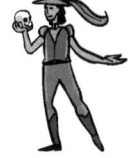

演员

näyttelijä

公交车司机

linja-autonkuljettaja

出租车司机

taksinkuljettaja

渔夫

kalastaja

清洁女工

siivooja

屋顶工

katontekijä

服务员

tarjoilija

猎人

metsästäjä

画家

maalari

面包师

leipuri

电工

sähköasentaja

建筑工人

rakentaja

工程师

insinööri

屠夫

teurastaja

水管工

putkiasentaja

邮递员

postinjakaja

士兵

sotilas

建筑师

arkkitehti

收银员

kassanhoitaja

花农

floristi

理发师

kampaaja

售票员

konduktööri

机械师

mekaanikko

船长

kapteeni

牙医

hammaslääkäri

科学家

tiedemies

拉比

rabbi

伊玛目

imaami

和尚

munkki

牧师

pappi

工具

työkalut

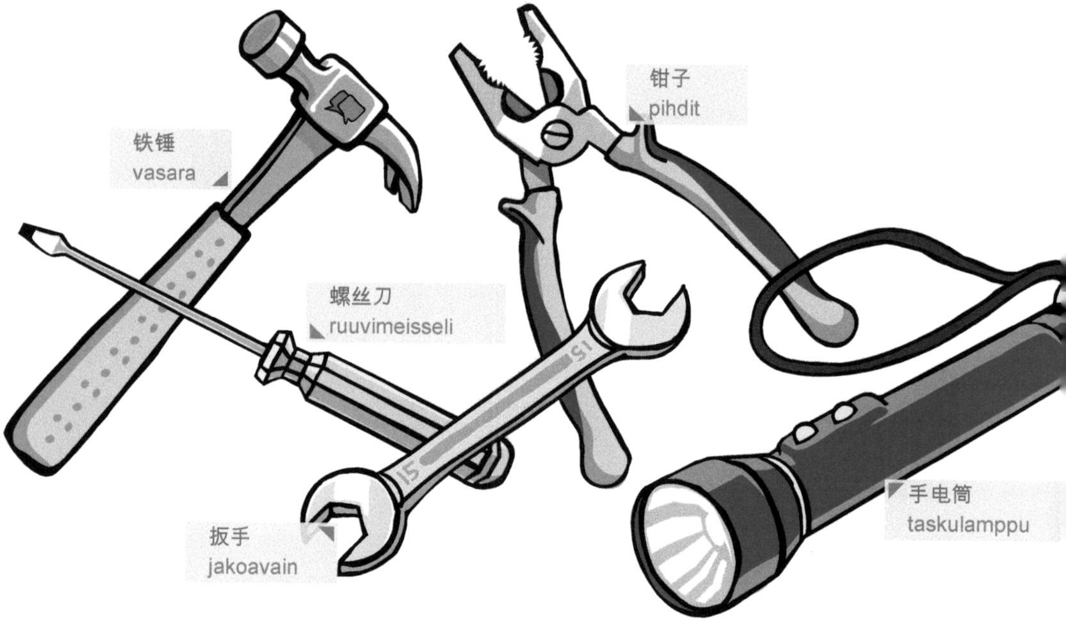
铁锤
vasara
钳子
pihdit
螺丝刀
ruuvimeisseli
扳手
jakoavain
手电筒
taskulamppu

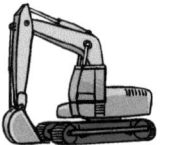

挖掘机

kaivinkone

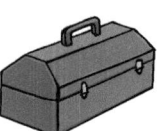

工具箱

työkalupakki

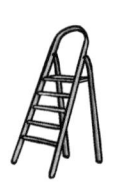

梯子

tikkaat

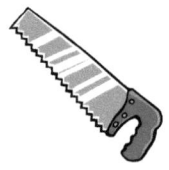

锯子

saha

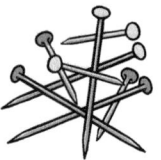

钉子

naulat

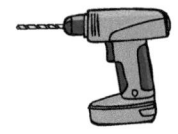

钻机

pora

修
korjata

铲子
lapio

靠！
Hitto!

簸箕
rikkalapio

油漆桶
maalipurkki

螺丝
ruuvit

乐器
soittimet

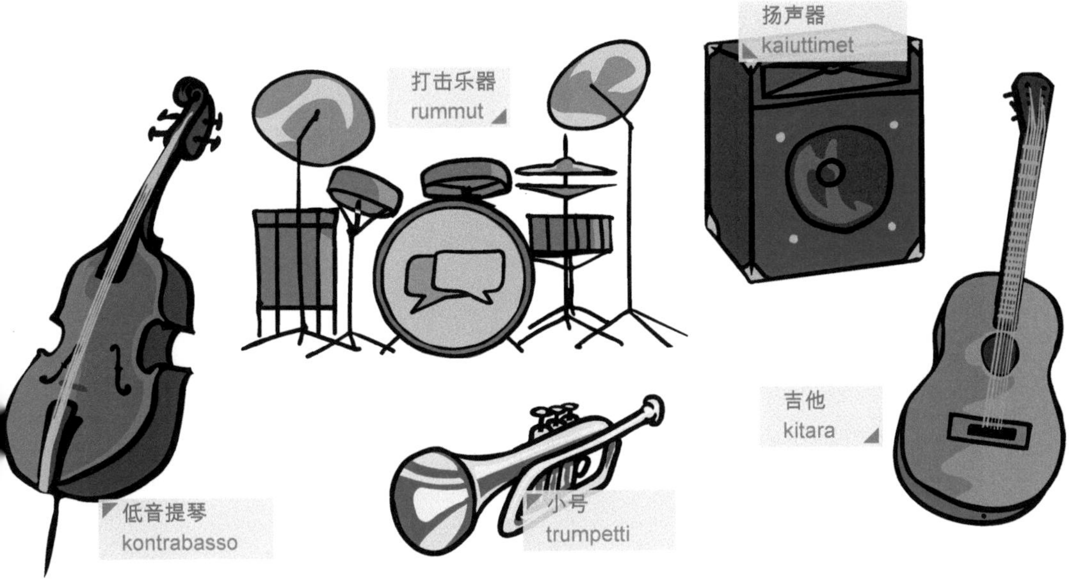

打击乐器
rummut

扬声器
kaiuttimet

吉他
kitara

低音提琴
kontrabasso

小号
trumpetti

钢琴

piano

小提琴

viulu

贝斯

basso

定音鼓

patarummut

鼓

rumpu

电子琴

kosketinsoitin

萨克斯管

saksofoni

长笛

huilu

麦克风

mikrofoni

动物园

eläintarha

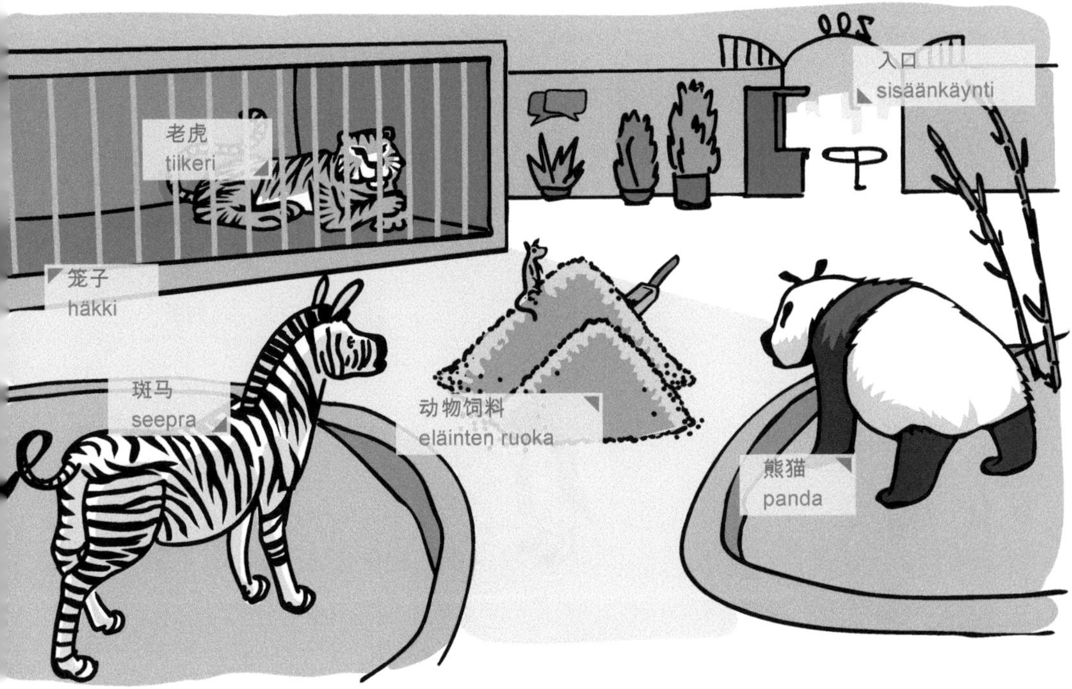

zoo
入口
sisäänkäynti
老虎
tiikeri
笼子
häkki
斑马
seepra
动物饲料
eläinten ruoka
熊猫
panda

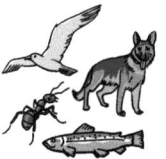

动物

eläimet

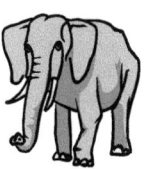

大象

norsu

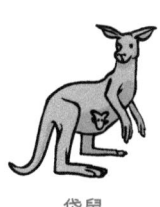

袋鼠

kenguru

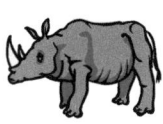

犀牛

sarvikuono

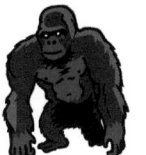

大猩猩

gorilla

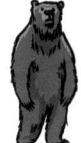

熊

karhu

骆驼

kameli

鸵鸟

strutsi

狮子

leijona

猴子

apina

火烈鸟

flamingo

鹦鹉

papukaija

北极熊

jääkarhu

企鹅

pingviini

鲨鱼

hai

孔雀

riikinkukko

蛇

käärme

鳄鱼

krokotiili

动物园管理员

eläintarhanhoitaja

海豹

hylje

美洲豹

jaguaari

矮种马

poni

豹

leopardi

河马

virtahepo

长颈鹿

kirahvi

老鹰

kotka

野猪

villisika

鱼

kala

龟

kilpikonna

海象

mursu

狐狸

kettu

羚羊

gaselli

橄榄球
amerikkalainen jalkapallo

骑自行车
pyöräily

网球
tennis

篮球
koripallo

游泳
uinti

冰球
jääkiekko

拳击
nyrkkeily

英式足球
jalkapallo

羽毛球
sulkapallo

田径
yleisurheilu

手球
käsipallo

滑雪
hiihto

马球
poolo

笑
nauraa

跳
hypätä

拥抱
halata

走路
kävellä

唱
laulaa

做梦
unelmoida

祈祷
rukoilla

亲吻
suudella

书写
kirjoittaa

画
piirtää

展示
näyttää

推
painaa

给
antaa

拿
ottaa

有
omistaa

做
tehdä

当
olla

站
seisoa

跑
juosta

拉
vetää

扔
heittää

摔倒
kaatua

躺
maata

等待
odottaa

携带
kantaa

坐
istua

穿衣
pukeutua

睡觉
nukkua

醒来
herätä

看

katsoa

哭

itkeä

抚摸

silittää

梳头

kammata

交谈

puhua

明白

ymmärtää

问

kysyä

听

kuunnella

喝

juoda

吃

syödä

清理

siivota

爱

rakastaa

做饭

keittää

开车

ajaa

飞

lentää

活动 - aktiviteetit

航行
purjehtia

计算
laskea

读
lukea

学习
oppia

工作
työskennellä

结婚
mennä naimisiin

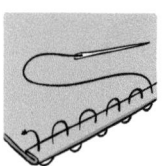

缝
ommella

刷牙
pestä hampaat

杀
tappaa

抽烟
tupakoida

寄
lähettää

祖母
mummo

祖父
ukki

父亲
isä

母亲
äiti

婴童
vauva

女儿
tytär

儿子
poika

客人

vieras

阿姨

täti

叔叔

setä

兄弟

veli

姐妹

sisko

身体

vartalo

前额
otsa
眼睛
silmä
肩膀
olkapää
手指
sormet
脸
kasvot
下巴
leuka
手
käsi
腿
jalka
乳房
rinta
手臂
käsivarsi

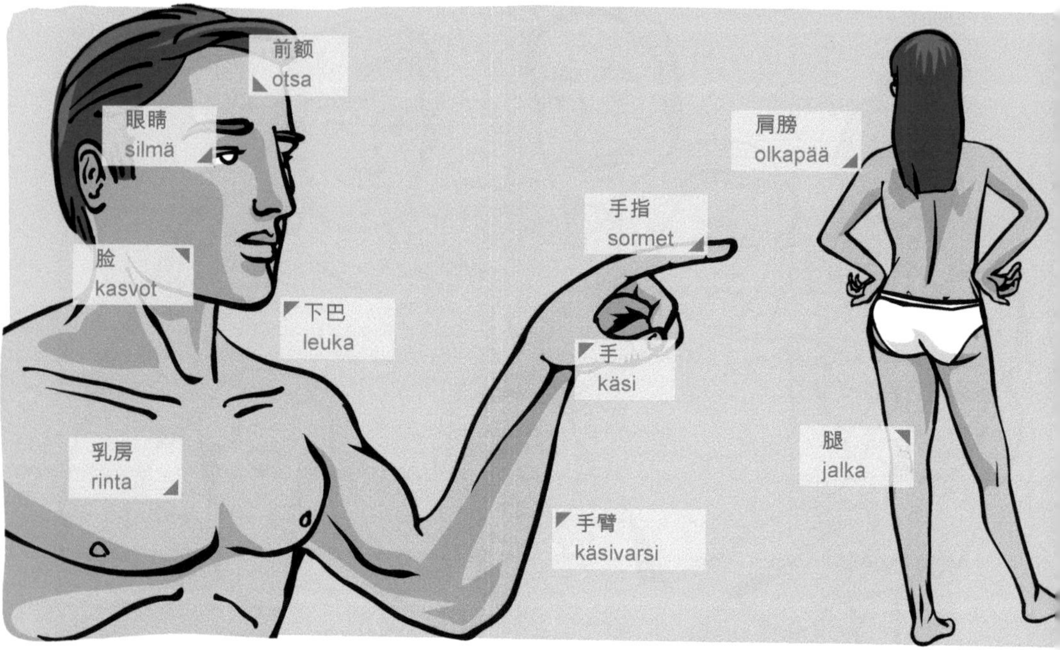

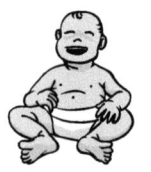

婴童

vauva

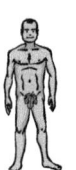

男人

mies

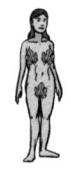

女人

nainen

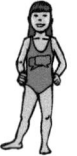

女孩

tyttö

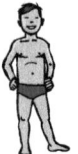

男孩

poika

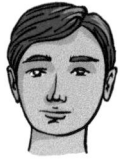

头

pää

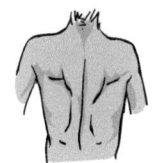

背部
selkä

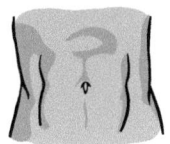

肚子
maha

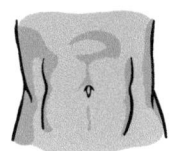

肚脐
napa

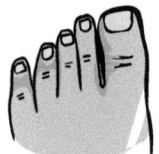

脚趾
varvas

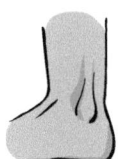

脚后跟
kantapää

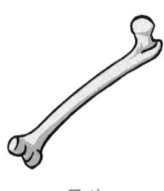

骨头
luu

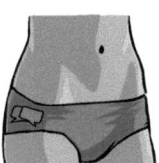

臀部
lantio

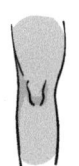

膝盖
polvi

手肘
kyynärpää

鼻子
nenä

屁股
takapuoli

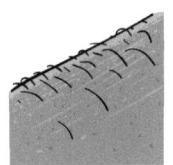

皮肤
iho

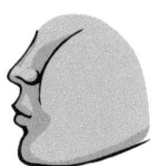

脸颊
poski

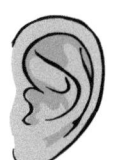

耳朵
korva

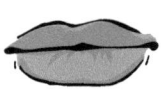

嘴唇
huuli

身体 - vartalo

嘴
suu

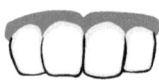

牙齿
hammas

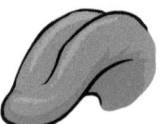

舌头
kieli

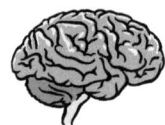

脑
aivot

心脏
sydän

肌肉
lihas

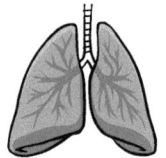

肺
keuhkot

肝脏
maksa

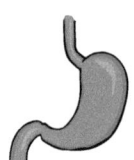

胃
vatsa

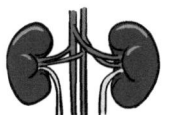

肾脏
munuaiset

性交
seksi

避孕套
kondomi

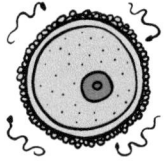

卵子
munasolu

精子
sperma

怀孕
raskaus

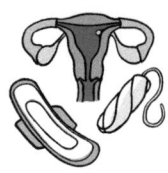

月经

kuukautiset

阴道

vagina

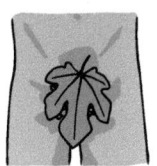

阴茎

penis

眉毛

kulmakarvat

头发

hiukset

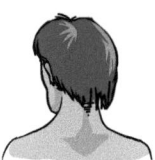

脖子

niska

医院

sairaala

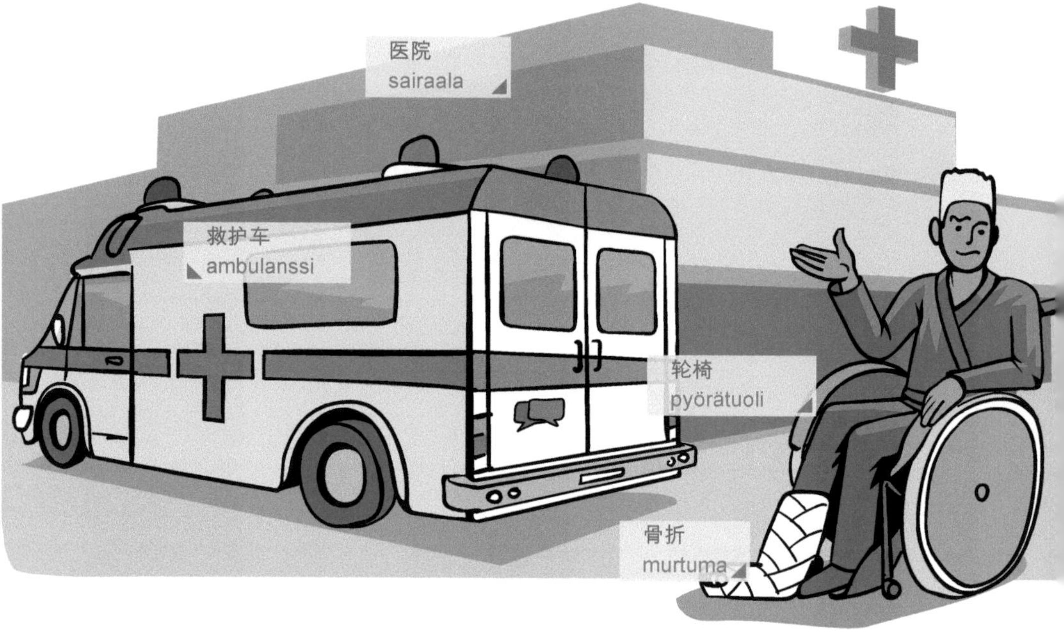

医院
sairaala
救护车
ambulanssi
轮椅
pyörätuoli
骨折
murtuma

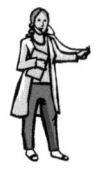

医院生

lääkäri

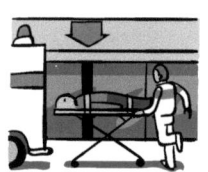

急诊室

ensiapu

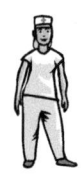

护士

sairaanhoitaja

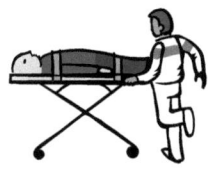

紧急情况

hätätilanne

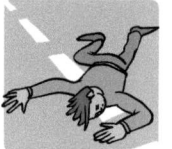

昏迷

tajuton

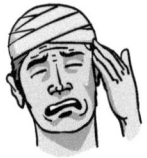

痛

kipu

受伤

vamma

出血

verenvuoto

心脏病发作

sydänkohtaus

中风

aivoinfarkti

过敏

allergia

咳嗽

yskä

发烧

kuume

流感

flunssa

腹泻

ripuli

头痛

päänsärky

癌症

syöpä

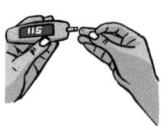

糖尿病

diabetes

外科医生

kirurgi

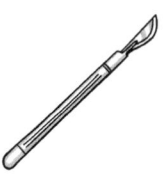

手术刀

veitsi

手术

leikkaus

医院 - sairaala

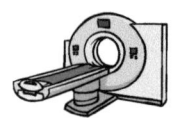

CT

ct

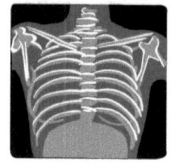

X光

röntgen

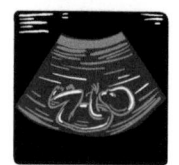

超声波

ultraääni

口罩

maski

疾病

sairaus

候诊室

odotushuone

拐杖

sauva

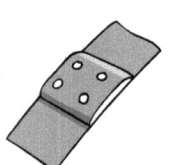

石膏

laastari

绷带

side

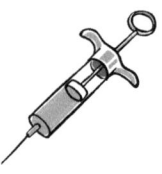

注射

pistos

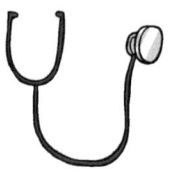

听诊器

stetoskooppi

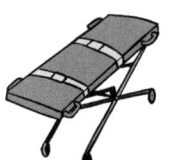

担架

paarit

体温计

kuumemittari

出生

syntymä

超重

ylipaino

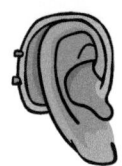

助听器

kuulolaite

消毒液

desinfiointiaine

感染

infektio

病毒

virus

艾滋病

HIV / AIDS

药物

lääke

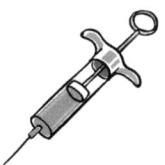

接种疫苗

rokotus

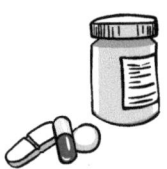

药片

tabletit

药丸

pilleri

急救电话

hätäpuhelu

血压计

verenpainemittari

生病/健康

sairas / terve

医院 - sairaala

救命！

Apua!

警报

hälytys

突击

ryöstö

攻击

hyökkäys

危险

vaara

紧急出口

hätäuloskäynti

着火啦！

Tulipalo!

灭火器

palosammutin

意外

onnettomuus

急救箱

ensiapulaukku

呼救信号

SOS

警察

poliisilaitos

欧洲

Eurooppa

北美洲

Pohjois-Amerikka

南美洲

Etelä-Amerikka

非洲

Afrikka

亚洲

Aasia

澳洲

Australia

大西洋

Atlantin valtameri

太平洋

Tyynimeri

印度洋

Intian valtameri

南冰洋

Eteläinen jäämeri

北冰洋

Pohjoinen jäämeri

北极

pohjoisnapa

南极

etelänapa

南极洲

Antarktis

地球

maa

陆地

maa

海

meri

岛

saari

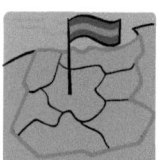

国家

kansa

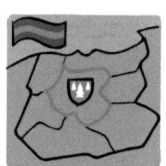

国家

osavaltio

钟面

kellotaulu

时针

tuntiviisari

分针

minuuttiviisari

秒针

sekuntiviisari

现在几点？

Paljonko kello on?

天

päivä

时间

aika

现在

nyt

电子表

digitaalikello

分

minuutti

时

tunti

周
viikko

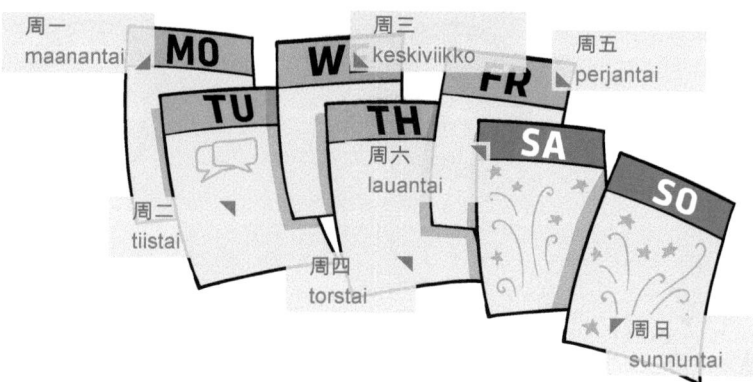

周一 maanantai
周三 keskiviikko
周五 perjantai
周二 tiistai
周四 torstai
周六 lauantai
周日 sunnuntai

昨天
eilen

今天
tänään

明天
huomenna

早晨
aamu

中午
keskipäivä

晚上
ilta

工作日
työpäivät

周末
viikonloppu

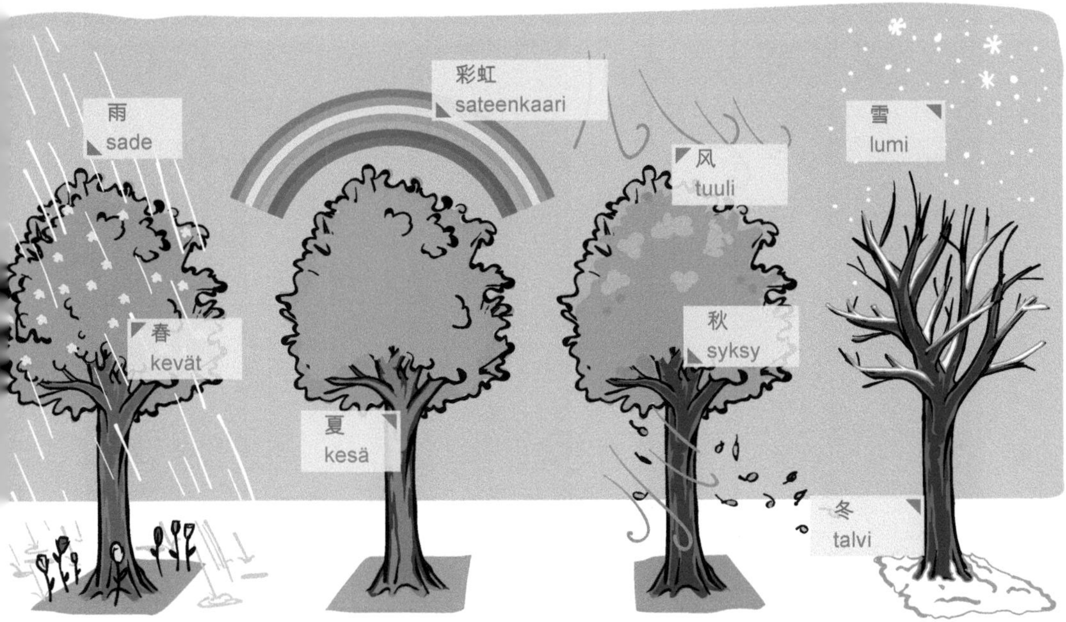

雨
sade

彩虹
sateenkaari

风
tuuli

雪
lumi

春
kevät

秋
syksy

夏
kesä

冬
talvi

4.APRIL	11°	
5.APRIL	4°	
6.APRIL	13°	
7.APRIL	8°	
8.APRIL	10°	

天气预报
sääennuste

温度计
lämpömittari

阳光
auringonpaiste

云
pilvi

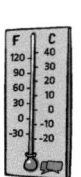

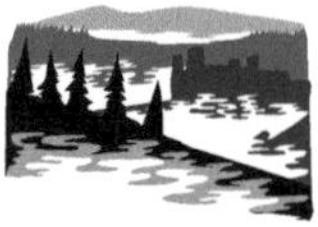

雾
sumu

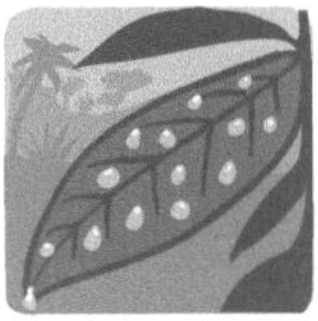

潮湿
ilmankosteus

闪电

salama

打雷

ukkonen

风暴

myrsky

冰雹

rae

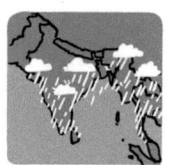

季风

monsuuni

洪水

tulva

冰

jää

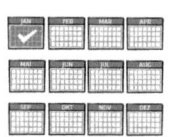

一月

tammikuu

二月

helmikuu

三月

maaliskuu

四月

huhtikuu

五月

toukokuu

六月

kesäkuu

七月

heinäkuu

八月

elokuu

年 - vuosi

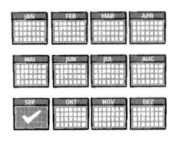

九月

syyskuu

十月

lokakuu

十一月

marraskuu

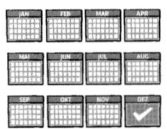

十二月

joulukuu

形状

muodot

圆形

ympyrä

正方形

neliö

长方形

suorakulmio

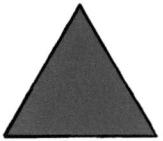

三角形

kolmio

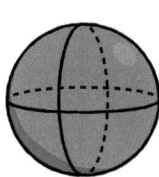

球体

pallo

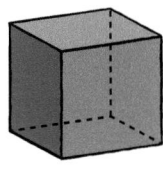

立方体

kuutio

颜色
värit

白
....
valkoinen

黄
....
keltainen

橙
....
oranssi

粉
....
vaaleanpunainen

红
....
punainen

紫
....
violetti

蓝
....
sininen

绿
....
vihreä

棕
....
ruskea

灰
....
harmaa

黑
....
musta

很多/少许

paljon / vähän

生气/平静

vihainen / ystävällinen

美/丑

kaunis / ruma

首/尾

alku / loppu

大/小

suuri / pieni

明/暗

vaalea / tumma

兄弟/姐妹

veli / sisko

干净/肮脏

puhdas / likainen

完整/缺失

täydellinen / epätäydellinen

白天/晚上

päivä / yö

死/生

kuollut / elävä

宽/窄

leveä / kapea

可食用/非食用

syötävä / syömäkelvoton

邪恶/善良

paha / kiltti

兴奋/无聊

innostunut / tylsistynyt

胖/瘦

lihava / laiha

第一/最后

ensimmäinen / viimeinen

朋友/敌人

ystävä / vihollinen

满/空

täysi / tyhjä

硬/软

kova / pehmeä

重/轻

painava / kevyt

饿/渴

nälkä / jano

生病/健康

sairas / terve

非法/合法

laiton / laillinen

聪明/愚笨

älykäs / tyhmä

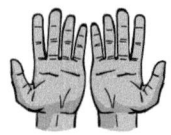

左/右

vasen / oikea

近/远

lähellä / kaukana

新/旧

uusi / käytetty

没有/有些

ei mitään / jotain

老/幼

vanha / nuori

开/关

päällä / pois päältä

打开/合上

auki / kiinni

安静/吵闹

hiljainen / äänekäs

富/穷

rikas / köyhä

对/错

oikein / väärin

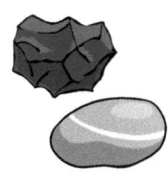

粗糙/光滑

karhea / sileä

伤心/高兴

surullinen / iloinen

短/长

lyhyt / pitkä

慢/快

hidas / nopea

湿/干

märkä / kuiva

温暖/凉爽

lämmin / viileä

战争/和平

sota / rauha

数字

numerot

0

零

nolla

1

一

yksi

2

二

kaksi

3

三

kolme

4

四

neljä

5

五

viisi

6

六

kuusi

7

七

seitsemän

8

八

kahdeksan

9

九

yhdeksän

10

十

kymmenen

11

十一

yksitoista

12
十二
kaksitoista

13
十三
kolmetoista

14
十四
neljätoista

15
十五
viisitoista

16
十六
kuusitoista

17
十七
seitsemäntoista

18
十八
kahdeksantoista

19
十九
yhdeksäntoista

20
二十
kaksikymmentä

100
百
sata

1.000
千
tuhat

1.000.000
百万
miljoona

英语

englanti

美式英语

amerikanenglanti

普通话

mandariinikiina

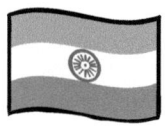

印地语

hindi

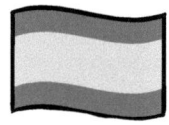

西班牙语

espanja

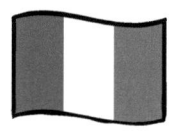

法语

ranska

阿拉伯语

arabia

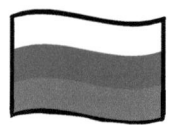

俄语

venäjä

葡萄牙语

portugali

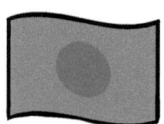

孟加拉语

bengali

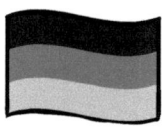

德语

saksa

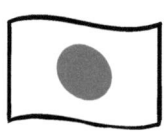

日语

japani

我

minä

你

sinä

他/她/它

hän

我们

me

你们

te

他们

he

谁？

kuka?

什么？

mitä / mikä?

怎样？

miten?

哪里？

missä?

什么时候？

milloin?

名字

nimi

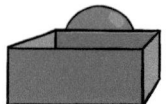

后面

takana

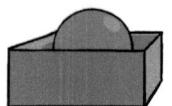

里面

sisällä

前面

edessä

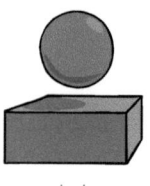

上方

yläpuolella

上面

päällä

下面

alapuolella

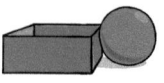

旁边

vieressä

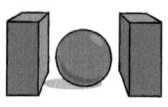

中间

välissä

地点

paikka